一看就懂 一玩就乐
快乐互动 幸福养育

真正的养育在家庭
感统游戏

张先勇 ◎ 编著　露露公园 ◎ 绘

石油工业出版社

图书在版编目（CIP）数据

真正的养育在家庭.感统游戏/张先勇编著；露露公园绘.——北京：石油工业出版社，2023.7

ISBN 978-7-5183-6013-0

Ⅰ.①真… Ⅱ.①张… ②露… Ⅲ.①智力游戏-青少年读物 Ⅳ.①G898.2

中国国家版本馆CIP数据核字(2023)第086051号

选题策划：曹秋梅
责任编辑：曹秋梅
封面绘图：姬炤华工作室

出版发行：石油工业出版社
　　　　　（北京市朝阳区安华里二区1号楼　100011）
网　　址：www.petropub.com
编 辑 部：（010）64523559
团 购 部：（010）64523649
经　　销：全国新华书店
印　　刷：北京中石油彩色印刷有限责任公司

2023年7月第1版　2023年7月第1次印刷
880×1230毫米　开本：1/32　印张：2.25
字　　数：35千字
定　　价：29.80元
（如发现印装质量问题，我社图书营销中心负责调换）
版权所有，翻印必究

和孩子一起游戏吧！

成长可以很快乐，养育也可以很快乐，秘诀就是加入孩子的世界，和孩子一起游戏，一起长大！

游戏是孩子的一种语言，无论多大的孩子都喜欢游戏，这是由孩子的心理特点决定的。如果你也掌握了这种语言，你会发现一种更轻松、更有效的养育方式。可以说，游戏是亲子关系的润滑剂，它满足了孩子对父母的依恋、对亲密关系的需求，让孩子的情绪更加健康。

不仅如此，游戏对于孩子的生理发展、认知发展和社会性发展都具有重要的价值。孩子活泼好动，喜欢跳跃奔跑、四处钻爬，而各种身体运动类游戏可以尽情释放其好动的天性，达到锻炼身体、增强体质的目的；孩子对周围的世界充满了好奇，游戏可以满足他们探索世界的愿望，促进创造性思维的发展，提高解决问题的能力；孩子的成长也是一个不断社会化的过程，他们需要学习与人交往的方式，而游戏为孩子提供了社会实践活动的机会，促进了性别的社会化、情感的社会化和道德的社会化。

近年来,游戏的价值越来越受到人们的重视。我国教育部颁布的《幼儿园教育指导纲要》也明确指出,幼儿教育应当以游戏为基本活动。在幼儿园里,游戏已被纳入有目的、有计划的教育活动。在家庭中,游戏式养育也逐渐被广大家长接受和认可。

为了让家庭养育中的游戏更丰富、更有趣,我们特别编写了这套"真正的养育在家庭"丛书,共5册,分别为《真正的养育在家庭 体能游戏》《真正的养育在家庭 感统游戏》《真正的养育在家庭 蒙氏游戏》《真正的养育在家庭 自然游戏》和《真正的养育在家庭 科学游戏》。我们将游戏按教育体系或教学领域进行分类,融科学性与趣味性于一体。

这套"真正的养育在家庭"丛书,完全从家庭应用场景出发,游戏角色以亲子为主,游戏材料在家庭中随处可见,游戏玩法简易有趣,为大家提供了一套游戏式养育的实用方法。

年轻的爸爸妈妈们,让我们全身心地和孩子一起游戏吧!

编者

2023年6月

把握孩子感觉统合能力发展的关键期

所谓感觉统合,就是一种大脑和身体相互协调的学习过程,没有感觉统合,大脑和身体都不能发展。这一理论最早由美国南加州大学临床心理学博士爱尔丝(Ayresa.J)在脑功能研究的基础上系统地提出。

通俗地说,人的感觉统合能力就像一个交通指挥者,它负责疏导各种感觉神经网络的通道,从而保证人的学习与动作操作顺利进行。在现实生活中,许多孩子表现出的多动、任性、注意力不集中、情绪不稳定、说话不流畅都是由于感觉统合的失调造成的。

科学研究进一步表明,8岁之前是人的感觉统合发展的关键时期,错过这个时期,将难以弥补。在家庭养育中,我们可以在平衡感、前庭觉、本体觉、触觉、视听统合五个方面进行科学有效的训练,促进孩子感觉统合能力的发展。

 本书所提供的游戏均为亲子游戏,应由成年人陪伴玩耍,在游戏过程中应注意场地安全与操作安全。

目录 contents

平衡感训练

- 过浮桥 2
- 双人风车 3
- 木头人 4
- 闭目练功 5
- 骑大马 6
- 高台体操 7
- 踩绳走 8

前庭觉训练

- 摇摇船 10
- 跪地走 11
- 仰躺踢球 12
- 毛巾秋千 13
- 协调线 14
- 手握脚腕走 15
- 蚂蚁走路 16

- 曲身投筐 17
- 夹包投筐 18
- 独脚凳 19
- 前后滚翻 20
- 钻山洞 21

本体觉训练

- 踢悬球 23
- 抓手指头 24
- 趴地推球 25
- 坐姿转体 26
- 连环钻圈 27
- 青蛙蹲跳 28
- 夹包跳远 29
- 双脚甩包 30
- 照镜子 31
- 坐球游戏 32

- 空中蹬车　33
- 纸杯盖楼　34
- 学倒水　35
- 托棒走　36

触觉训练

- 躯体抚触　38
- 摸一摸，踩一踩　39
- 碎纸分类　40

- 卷寿司　41
- 吹吹风　42
- 拍纸牌　43

视听统合训练

- 踩鼓点　45
- 黑夜迷宫　46
- 铃儿叮当　47
- 拍节奏　48

- 谁回来了　49
- 听水杯　50
- 听觉译码　51
- 看手势　52
- 纸棍游戏　53
- 合作搬球　54
- 捉光点　55
- 吹羽毛　56
- 挑小棒　57

- 赶小猪　58
- 抓小熊　59
- 运乒乓球　60
- 蹦跳接球　61
- 摆豆豆　62
- 舒尔特游戏　63

平衡感训练

人身体的架构是呈倒三角形的,头重脚轻,从物理学的原理来看,人是不能站立的。所以孩子从胎儿期开始,就一直在练习身体和地心引力间的协调,并形成所谓的平衡感。

平衡感不足会引起孩子的肢体动作不灵活,以及好动不安。因此,平衡练习非常重要,应当在幼儿期通过各种平衡游戏来促进平衡感的发展。

过浮桥

🎈 **主要目标**

练习在有弹性的物体上行走,提高孩子身体的协调性和平衡能力。

🎲 **活动准备**

把弹性较大的垫子铺在地上,形成一座"浮桥"。

🍊 **游戏玩法**

- 让孩子一步一步地从"浮桥"上走过,双脚都要踩在垫子上,不能踩到地面。
- 两轮游戏后增强难度,适当增大垫子之间的距离,让孩子跨步前进。

双人风车

主要目标

练习听信号旋转,发展身体的平衡能力。

活动准备

呼啦圈2个。

游戏玩法

- 在地上画一条直线,放两个呼啦圈,家长和孩子分别站在两个呼啦圈内的直线上,两手伸展。
- 听家长的口令进行旋转。当家长说"顺时针"时,两人沿顺时针方向旋转,当家长说"逆时针"时,两人沿逆时针方向旋转,当家长喊停时,两人要停下来,看看是否还在原来的直线上。
- 两人在旋转的过程中脚不能出圈。家长要把握好旋转的频率,转2~3圈更换一次方向。

木头人

🍊 主要目标

练习快速静止,发展孩子控制身体的能力,提高平衡能力。

🧊 活动准备

准备一段富有节奏感的音乐,播放器或手机。

🍊 游戏玩法

- 家长播放音乐,让孩子跟随音乐随意做动作,当音乐停止时,要求孩子立即停止任何动作保持不动,扮作"木头人",并坚持5秒以上。
- 孩子听音乐,绕着室内快走,当音乐停止时,要求孩子立即静止保持不动,并坚持5秒以上。

闭目练功

主要目标

练习闭目做各种动作,发展身体的平衡能力。

活动准备

眼罩1个,在地面上画一个面积略大于孩子双脚的圆圈。

游戏玩法

- 让孩子戴上眼罩,站在画好的圆圈内,听家长的口令在原地做动作,比如,"原地踏步""高抬腿""转一圈""跳一跳",等等。
- 做完3~5个动作后,让孩子摘下眼罩,看看是否仍在圆圈内。反复进行5次,3次不出圈为优秀。

骑大马

🟠 主要目标

练习上下左右摇摆,增强身体的平衡能力。

🟦 活动准备

厚棉被1床。

🟠 游戏玩法

- 将厚棉被捆成圆筒形,让孩子骑在上面,想象自己正在骑马,在马背上左右摇晃或上下颠簸。
- 由于用棉被垫着不必太担心安全的问题,所以尽量让孩子以臀部发力跃动。

高台倚漂

🎈 主要目标

练习在高台上做各种体操动作,发展孩子的平衡能力。

🔷 活动准备

小板凳1张。

🍊 游戏玩法

- 在空地上摆一张小板凳,让孩子站在上面。家长站在旁边,带领孩子做各种体操动作。
- 首先单脚站立,在确保站稳后,慢慢抬高另一只脚,左右脚交替反复进行;同时,双臂配合脚抬起并伸平,反复做5分钟。
- 动作要慢,让孩子把握自己的重心,不要从板凳上掉下来。

踩绳走

🍊 主要目标

练习在绳子上踩着走、绕着走和追着走，培养孩子的平衡感。

🎲 活动准备

表面光滑的粗绳1根。长5米为宜。

🍊 游戏玩法

- 在地面上笔直地摆一根5米长的绳子，家长和孩子一起光脚在绳子上面走，要求两脚都踩在绳子上，尽量不低头看，用脚去感觉绳子。
- 把绳子摆成一条曲线，家长和孩子以交叉步的方式绕着绳子走。
- 家长手持绳子一端，把绳子在地上摇晃，像蛇一样，孩子设法用脚去踩摇晃的绳子。游戏一段时间后，两人交换角色。

前庭觉训练

　　人类最主要的学习工具都在头部，由耳朵、眼睛、鼻子和嘴巴接收信息，再通过脑干前的前庭神经核进入大脑的功能区。因此，前庭觉是影响孩子成长和学习最重要的一种因素。

　　前庭觉失调的孩子多表现为多动、不安，注意力不集中，爱做小动作，很难与其他同伴相处。

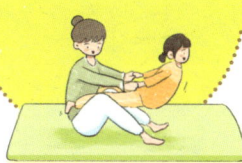

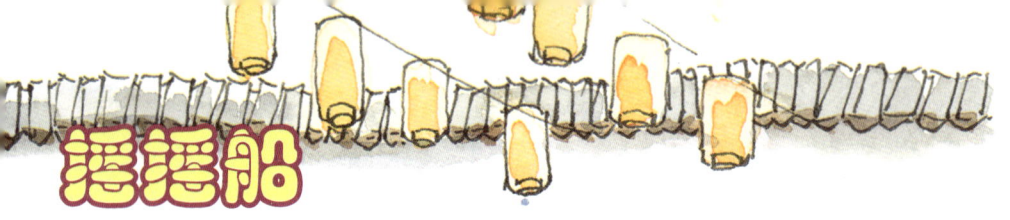

摇摇船

🎈 主要目标

强化前庭觉和中枢脊髓神经协调,增强大小肌肉灵活性。

🎲 活动准备

瑜伽垫1块。

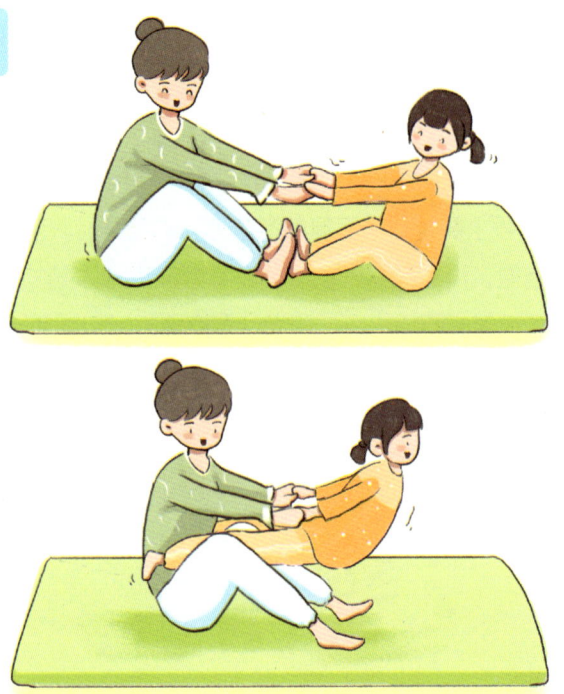

🍊 游戏玩法

- 家长和孩子面对面、手拉手坐在垫子上,双脚抵在一起。当家长躺下时,孩子仍保持坐姿,孩子躺下时,则换家长维持坐姿。交替做20~40次不等,觉得累了就休息。
- 孩子可反过身来背朝着家长,双脚夹住家长腰部,双手向后伸直,大人轻轻地拉着孩子的手,慢慢地将孩子的身体拉成反弓形,再慢慢地还原姿势,连续做20~40次。

跪跑走

主要目标

练习跪地走,锻炼孩子的下肢力量,强化孩子的前庭觉。

活动准备

泡沫地板,抱枕。

游戏玩法

- 将泡沫地板平铺在地上,孩子跪在上面,上身挺直,双膝交替行走。家长可以站在孩子身体的一侧进行辅助,也可以双膝跪地,与孩子面对面、手拉手,倒退着拉着孩子向前走。
- 如果孩子自己能做到并做得很好,可以增加难度,在孩子行走路线中放置几个抱枕作为障碍物,让孩子绕过抱枕向前行走,抱枕之间的距离根据孩子的实际情况决定。
- 让孩子跪在泡沫地板上,双膝交替后退。每次练习大约10分钟。

仰躺踢球

🎈 主要目标

强化孩子前庭觉和中枢脊髓神经,促进下肢肌肉的灵活。

🎲 活动准备

大浴巾1块,皮球1个。

🍊 游戏玩法

- 爸爸妈妈面对面将大浴巾拉起并撑开,把皮球放在上面。
- 孩子仰躺在地面上,用双脚踢动浴巾上的皮球,直到踢下来为止。
- 爸爸妈妈可以适当调整浴巾的高度,增强孩子的运动量。每次2分钟,可反复进行。

毛巾秋千

🍊 主要目标

刺激孩子的前庭器官,训练孩子的前庭平衡与触觉。

🔷 活动准备

大浴巾1条,舒缓的背景音乐。

🍊 游戏玩法

- 准备一条结实的大浴巾,让孩子仰卧在上面。
- 两位家长拉住浴巾的四个角,抬起浴巾,伴随背景音乐,边念儿歌边左右摇动浴巾。

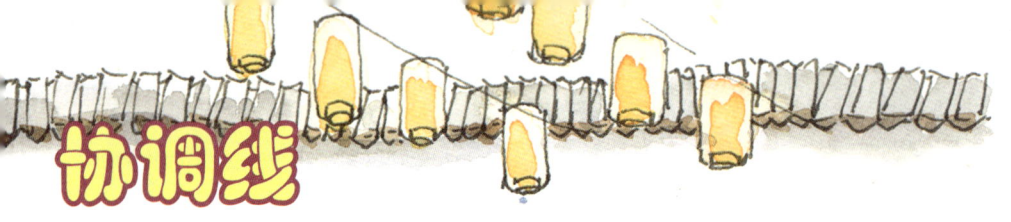

协调线

主要目标

强化孩子前庭觉和本体觉,提高孩子身体协调能力。

活动准备

卫生纸1卷。

游戏玩法

- 将卫生纸按直线展开在场地中央(作为直线),让孩子以交叉步的方式沿着直线行走。即左脚踩在线的右侧,右脚踩在线的左侧,双脚交替前行,不能踩线。
- 让孩子手脚着地,沿着直线向前爬,手脚不能触碰到直线。

手握脚腕走

主要目标

增强前庭功能，提升孩子身体各部位的协调能力。

活动准备

沙包2个。

游戏玩法

- 在家长的辅助下，孩子用双手抓住自己的脚腕，保持膝关节伸直，沿直线前行。如果孩子的柔韧性比较差，可以抓住自己的小腿或双手扶着膝盖。
- 当孩子能独立抓住自己的脚腕前行后，增加难度，在孩子前进的方向增加障碍物，或将前进的路线变成曲线。
- 在孩子的背上放个小沙包，要求在前行过程中沙包不能掉下来。每次练习10分钟左右。

蚂蚁走路

主要目标

刺激前庭平衡和本体觉,提高孩子肢体协调能力。

活动准备

抱枕若干个。

游戏玩法

- 孩子坐在地上,在家长的辅助下将臀部抬起,用四肢支撑身体。
- 当孩子能够独立用四肢支撑起身体后,再让孩子试着手脚交替前行。
- 当孩子能自己独立前行,并走得很好时,可以适当增加难度,在孩子前进的路线上放置一些抱枕,让孩子在前进过程中绕开障碍物。

曲身投筐

🍊 主要目标

强化前庭平衡，提高孩子身体灵活性，增强对躯体的控制能力。

🎲 活动准备

沙包若干个，小筐 1 个。

🍊 游戏玩法

- 让孩子双腿分开站在地板上，在身后两腿之间放置一个小筐（小筐与孩子的距离要根据孩子的实际能力决定）。
- 给孩子一个沙包，让孩子弯下腰，将手里的沙包通过两腿之间，向后扔进小筐中。
- 当孩子能熟练地将沙包扔进身后的筐中后，增加难度，增加小筐与孩子之间的距离，再让孩子继续游戏。

夹包没筐

🎈 主要目标

强化前庭平衡，提高孩子身体灵活性，增强对躯体的控制能力。

🎲 活动准备

沙包若干个，小筐1个。

🍊 游戏玩法

- 让孩子坐在地板上，在孩子的身后放一个小筐。
- 让孩子用双脚夹起一个沙包，沿身体向后翻，把沙包放入身后的小筐中。
- 每次游戏5分钟，在5分钟内看孩子能把几个沙包准确地投入小筐中。

独脚凳

🍊 主要目标

训练孩子对身体的控制能力,强化前庭平衡。

🎲 活动准备

独脚凳 1 个。

🍊 游戏玩法

- 把独脚凳放在平稳的地板上。让孩子坐在独脚凳上,挺直腰,双手放在腿上,身体保持平衡,同时数数或唱儿歌。
- 当孩子可以较好地保持平衡后,家长可以在孩子对面与孩子玩传球游戏。

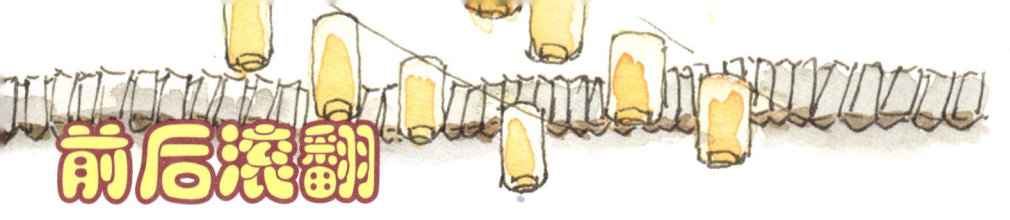

前后滚翻

🍊 主要目标

练习前后滚翻，增强前庭器官的稳定性，锻炼身体的平衡能力、灵敏性和柔韧性。

🎲 活动准备

瑜伽垫1块。

🍊 游戏玩法

- 让孩子在瑜伽垫上练习前后滚翻，先前滚翻再后滚翻。
- 前滚翻时，让孩子双脚用力蹬地，提高臀部，含胸低头，背着地后，迅速推手。
- 后滚翻时，让孩子身体的重心向后倒，双手顺势做好撑地准备，背着地后，迅速翻身，用力推手。（游戏全程由家长看护、注意姿势、避免受伤，按孩子能力做，不强行训练）

钻山洞

🍊 主要目标

练习手膝着地爬和肘膝着地爬，锻炼孩子的四肢力量，强化孩子的前庭觉。

🧩 活动准备

桌子或长凳，高度不低于40厘米。

🍊 游戏玩法

- 将准备好的桌子或长凳摆在宽阔的地板中间，形成一个"山洞"，让孩子手膝着地，从桌子或长凳下钻爬过去。
- 孩子掌握手膝着地爬后，让孩子练习肘膝着地爬，即用膝盖和肘关节支撑身体往前爬，身体尽量不碰到桌子，可反复进行多次练习。

本体觉训练

　　本体觉对感觉统合最大的作用是维持肌肉的正常收缩，使关节能够自由活动。因为动作是促进感觉统合发展最主要的途径，所以本体觉可以帮助孩子自由行动。

　　本体觉是一种高度复杂化的神经应变能力，也是使大脑可以充分掌握自己身体的能力。从简单的吃饭、穿衣、脱衣、写字、骑车到高难度的体操动作，都需要本体觉。

踢悬球

🔴 主要目标

训练孩子本体觉,提高身体的反应能力以及对下肢的控制能力。

🟦 活动准备

系绳子的小球1个。

🟠 游戏玩法

- 家长与孩子面对面站立,将系有绳子的小球提在手中,让小球自然下垂到孩子的两腿之间,距离地面10~20厘米,先让孩子用左脚的内侧踢小球10~20下,再换右脚用同样的方法踢10~20下。
- 当孩子能够熟练地用脚的内侧踢中小球后,家长可以适当移动小球,让孩子用脚去踢悬着的小球。

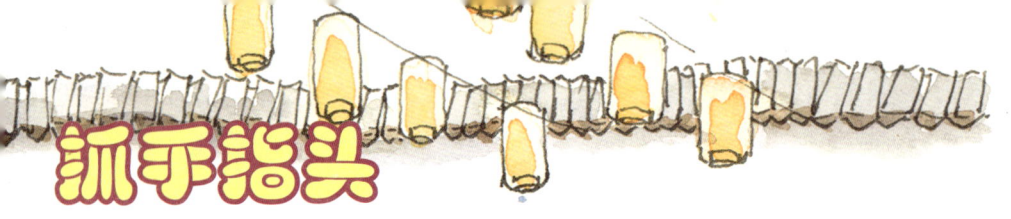

抓手指头

主要目标

强化末梢神经的敏感度，以建立更精细层次的本体觉。

活动准备

空纸箱1个，在纸箱相对的两面各挖1个洞，玩具若干。

游戏玩法

- 大人和孩子分别把手从纸箱两端的洞口伸进去，并根据指示，用同一根手指头相互碰触，看看能否碰到，以观察孩子的反应是否灵敏、正确。
- 家长还可以把玩具放进纸箱，让孩子用手指触碰来判断它的形状或名称。

趴抱推球

🎈 主要目标

加强孩子颈部肌肉的锻炼，提高身体协调能力，促进触觉、前庭觉和本体觉的发展。

🎲 活动准备

皮球1个。

🍊 游戏玩法

- 让孩子趴在地垫上，将皮球摆放在面前，距离墙壁50~80厘米，用双手向墙壁推球。球返回后，双手接住，再继续推球。
- 家长和孩子面对面趴在地垫上，互相推球。

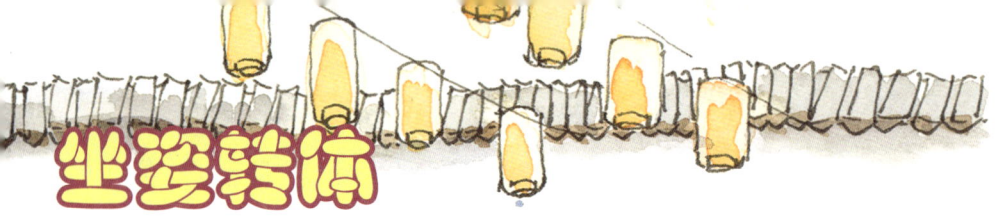

坐姿转体

主要目标

提高身体协调能力,促进身体平衡与本体觉。

活动准备

靠垫,毛绒玩具。

游戏玩法

- 让孩子盘腿坐在靠垫上,背部挺直。将毛绒玩具放在孩子身体的左侧,家长辅助孩子转动躯干,用右手触摸玩具后,再恢复原来的坐姿,重复20~30次。
- 将毛绒玩具换到孩子身体的右侧,以同样的方法,用左手触摸玩具。

连环钻圈

🟠 主要目标

提高身体协调能力，促进身体平衡能力与本体觉。

🎲 活动准备

呼啦圈2个。

🍊 游戏玩法

- 家长一手持一个呼啦圈，方向与地面垂直，孩子依次从呼啦圈里钻过去。
- 家长不断变换呼啦圈的朝向，反复进行。每次游戏持续5分钟左右。

青蛙蹲跳

🎈 主要目标

强化前庭平衡与本体觉，提高身体协调性，增强下肢肌肉力量。

🎲 活动准备

玩具若干，随意摆放在地上。

🍊 游戏玩法

- 让孩子蹲下，双手后背，听家长的口令连续蹲跳前进。在前进的过程中，要避开地上的玩具。
- 让孩子蹲下，双手撑在地上，用双手与双腿同时发力，跳跃前进。在前进的过程中，要避开地上的玩具。

夹包跳远

🟠 主要目标

强化前庭平衡与本体觉,提高身体协调性。

🎲 活动准备

沙包1个。

🍊 游戏玩法

- 将沙包放在孩子的两个膝盖之间,让孩子用力将沙包夹住,然后向前跳跃。
- 刚开始时孩子可能夹不住沙包,可以让孩子每跳一步,就重新夹紧一次沙包,直到沙包不再掉落。

双脚甩包

🟠 主要目标

强化前庭平衡与本体觉,提高身体协调性。

🎲 活动准备

沙包1个,呼啦圈1个。

🍊 游戏玩法

- 让孩子双脚并拢站好,用脚尖将沙包夹住,在向上跳起的同时,将沙包甩出去。
- 当孩子能够用双脚将沙包甩出后,增加难度,在孩子面前放一个呼啦圈,让孩子以相同的方法将沙包甩到呼啦圈中。

照镜子

🟠 **主要目标**

增强孩子的空间方位知觉、对身体的控制力,增强身体协调能力。

🧊 **活动准备**

大镜子1面。

🍊 **游戏玩法**

- 让孩子站在大镜子面前,任意做动作,同时注意观察镜中影像的动作与自己做的动作有什么区别。
- 家长与孩子面对面站立,家长做动作,孩子做出相应的镜像动作。如家长举起右手,孩子就要举起左手与家长对应。开始时可以做一些比较简单的动作,等孩子适应训练后逐渐增加难度。

坐球游戏

主要目标

强化前庭及脊髓中枢神经,促进身体协调发展。

活动准备

大皮球1个。

游戏玩法

- 将大皮球放在地板上,让孩子轻轻坐在球上,上半身保持挺直,闭上眼睛,慢慢调整呼吸,直到完全放松,保持10分钟以上。
- 当孩子能很好地坐在大皮球上时,让孩子轻轻晃动手脚进行律动舞蹈。

空中蹬车

🟠 主要目标

锻炼孩子腿部与腰部力量,训练孩子本体觉,促进身体协调发展。

🟦 活动准备

瑜伽垫。

🟠 游戏玩法

- 让孩子自然平躺在垫子上,想象空中有一辆自行车。当家长说"开始"时,孩子把双手伸向空中,模拟握住车把,双腿模拟蹬自行车。
- 家长不断更换口令,喊"向左",孩子双手就要向左,喊"向右",孩子双手就要向右。

纸杯盖楼

🎈 主要目标

锻炼孩子下肢的力量,提升对身体的控制能力。

🎲 活动准备

纸杯 10 个。

🍊 游戏玩法

- 家长和孩子相对而坐,面前各放 5 个纸杯,让孩子双手撑地,收紧腹部,用脚依次夹起纸杯,将 5 个纸杯摞在一起。
- 当纸杯摞在一起后,再以同样的方式依次将纸杯用脚分开。

学倒水

🎈 主要目标

训练孩子手的精细动作和本体觉。

📘 活动准备

水杯2个，1瓶水。

🍊 游戏玩法

- 把水杯和水瓶放在平稳的桌子上，向其中一个水杯中倒入半杯水，然后让孩子双手端起水杯，把水倒入空杯中，然后再拿起有水的杯子，向空杯中倒水，反复训练。
- 增加难度，让孩子左右手各拿一个杯子来回倒水，注意不要把水洒出来，反复训练。

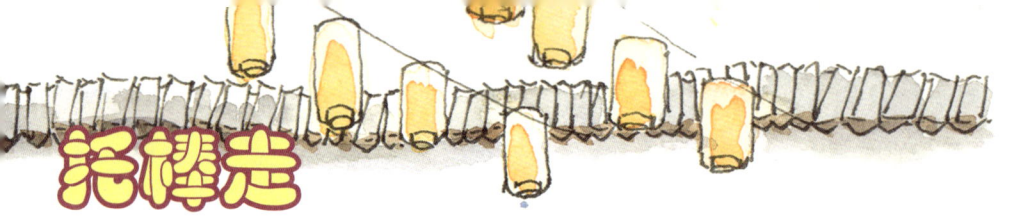

托棒走

🎈 **主要目标**

练习单人托物走和双人托物走,提高孩子身体的控制能力和动作的协调性。

🧩 **活动准备**

短木棒3根。

🍊 **游戏玩法**

- 让孩子用2根短木棒托着1根短木棒在室内穿行,在行走的过程中保持短木棒不落地,看看能走多远。
- 亲子合作游戏,家长和孩子各持1根短木棒,共同托着另一根短木棒在室内穿行。保持短木棒不落地,否则要捡起来重走。

触觉训练

触觉是人体发展最早、最基本的感觉,也是分布最广、最复杂的感觉系统。触觉的发展可以增强孩子的区分与辨别能力,促进孩子对物体形状、大小、长短、轻重的认识,是认知发展的重要基础。

此外,孩子的感情表达也是通过触觉学会的。触觉给孩子一种安全感,使他感觉受到保护。

躯体抚触

🍊 主要目标

训练孩子触觉接受与触觉反应的能力。

🎒 活动准备

舒缓的背景音乐。

🍊 游戏玩法

- 让孩子自然放松坐好,家长先握住孩子的手腕,从手腕向上按摩 4 下至肩,然后握住孩子脚腕,从脚腕向上按摩 4 下至大腿部。
- 让孩子自然放松仰卧,家长用环形的手法,自孩子胸部按摩至腹部。
- 让孩子自然放松俯卧,家长用环形的手法,自孩子背部按摩至腰部。

#

🎈 主要目标

丰富孩子的触觉感受,积累各种感觉经验。

🧊 活动准备

小布袋,绿豆、玉米、小米、大米等。

🍊 游戏玩法

- 家长分别将绿豆、玉米、小米、大米装进小布袋里,让孩子闭上眼睛,用手摸一摸,然后说说里面装的是什么。
- 将几个布袋摆在地上,让孩子脱掉鞋子,赤脚从各个布袋上走过,感受不同质地的触觉。

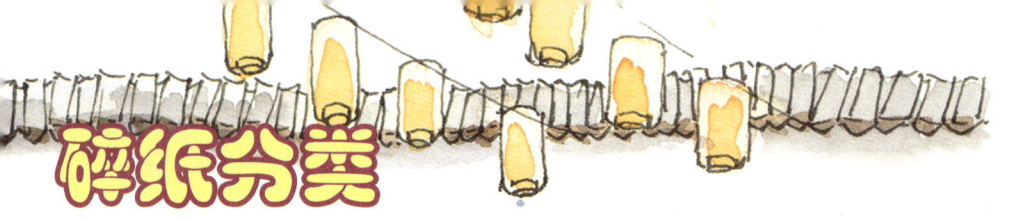

碎纸分类

🎈 主要目标

增加手部触觉学习,对脑部进行感觉刺激。

🧩 活动准备

不同质感的纸张各1张,纸箱1个。

🍊 游戏玩法

- 让孩子将不同纸张撕成碎片,放进纸箱里。
- 让孩子闭上眼睛或戴上眼罩,从纸箱里任意摸几张碎纸出来,将同类的纸放在一起。最后看看分类是否准确。
- 游戏结束后可以将碎纸全部弄湿,做成纸泥,让孩子任意捏、揉。

卷寿司

🍊 主要目标

提高孩子触觉学习能力，促进身体协调。

🎲 活动准备

薄毛毯。

🍊 游戏玩法

- 将薄毛毯平铺在地板上，让孩子躺在薄毛毯的一端，双手可以放在身体的两侧，也可以举过头顶。家长从孩子躺着的一端开始卷，一直卷到毛毯的另一端。开始卷的时候不要太紧，等孩子逐渐适应此训练后再逐渐卷得紧一些，让孩子感受全身被裹紧的感觉。
- 裹紧后，再由孩子自己慢慢转动，解开身上的毛毯，反复进行 5 次。

吹吹风

🎈 主要目标

强化孩子的触觉接受度和触觉的分辨能力。

🎲 活动准备

吹风机。

🍊 游戏玩法

- 家长用吹风机分别吹孩子的头发、脸颊、颈部、手臂、手背、手掌、大腿、小腿及脚底。如果孩子不排斥也可脱掉衣服，吹他的背、胸和腹部。（注意温度不宜过高，以防受伤）
- 家长不断调整吹风机的温度和风速，让孩子感受各种变化，并用语言表达出来。

拍纸牌

🍊 主要目标

强化手部的触觉刺激，锻炼孩子手部肌肉的力量，并训练孩子的注意力。

🎲 活动准备

厚纸牌或纸板若干。

🍊 游戏玩法

- 家长和孩子每人出一张纸牌放在桌子上，用"石头、剪刀、布"的方式决定谁先拍纸牌。
- 赢者把手放到对方的纸牌旁边，用力拍击桌面，使纸牌跳起并翻转过来。若纸牌被拍翻，则归赢者所有，另一人需要再出一张纸牌；若没被拍翻，则去拍自己出的纸牌，如果仍然失败，则由另一人开始拍纸牌。按此程序反复游戏。

视听统合训练

视听统合训练包括视知觉训练和听知觉训练。视知觉是指以视觉为基础的、对视野内的物体进行观察和辨别的能力,它是人最主要的感觉通道。听知觉是指在听觉基础上,对某种事物发出的声音的感知能力。

视听统合训练是以视觉、听觉、动作及其之间的高度协调统合发展为基础的,如果视听统合失调,就会导致孩子注意力不足,造成将来学习上的困难。因此,我们应抓住孩子发育的关键期进行视听统合的训练。

踩鼓点

🎈 主要目标

训练孩子的听觉专注力和分辨力,提高其听动统合力。

🧩 活动准备

小鼓 1 个(可以用小碗代替)。

🍊 游戏玩法

- 带孩子原地踏步,让孩子熟悉并掌握快频踏步与慢频踏步。
- 家长敲打小鼓,让孩子按着鼓点的节奏原地踏步,当鼓点停止时,孩子要立即停止动作。

黑夜迷宫

🎈 主要目标

练习听命令走迷宫,增强孩子的听动统合与空间感知能力。

🧊 活动准备

在场地上用鞋子摆1个迷宫。

🍊 游戏玩法

- 让孩子蒙上眼睛,家长充当引路人,用手牵着孩子过迷宫,在行走的过程中不能碰到鞋子。
- 家长不再牵着孩子,用口令引导孩子走出迷宫,如"向前走""向左走""向右走"。

铃儿叮当

🎈 主要目标

听音辨位,训练孩子的听觉专注力和分辨力。

🎲 活动准备

小铃铛1个,眼罩1个。

🍊 游戏玩法

- 让孩子戴上眼罩,站在场地中央,家长站在场地的不同位置,摇动手中的铃铛,孩子根据铃铛声,快速用手指出家长的位置。
- 让孩子戴上眼罩跟在家长面对面,家长一边倒着走,一边摇动手中的铃铛,引导孩子跟着声音走。

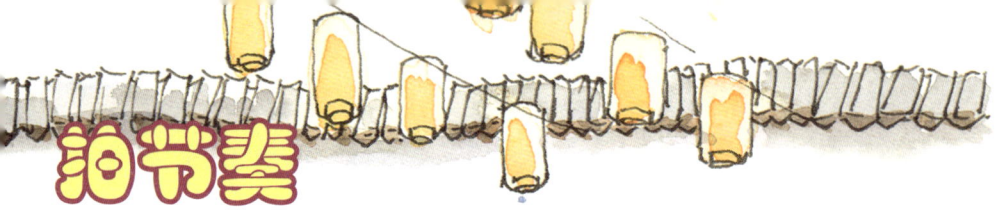

拍节奏

🎈 主要目标

训练孩子的听觉理解力和听动统合能力,提高孩子的反应能力。

🎲 活动准备

脸盆2个。

🍊 游戏玩法

- 家长和孩子面对面坐下,每人抱一个脸盆,家长首先带领孩子拍脸盆,感受轻拍与重拍、拍中心与拍边缘所发出的不同声音。
- 家长自编一段八拍的小节奏,自己先拍一遍,再让孩子凭记忆重复拍一遍。孩子熟练后,再增加节奏的难度。

谁回来了

主要目标

训练孩子的听觉记忆力与听觉分辨力，促进听知觉的发展。

活动准备

无。

游戏玩法

- 3~4人一起参与游戏，大家事先设定好自己的敲门方式，并让孩子知道。然后大家轮流敲门，让孩子在屋内辨别是谁在敲门，并说出判断依据，反复训练。
- 让孩子记住家里每个人的脚步声，然后根据不同的脚步声说出是谁回来了。

听水杯

主要目标

训练孩子的听觉专注力与听觉分辨力，促进听知觉的发展。

活动准备

不同的水杯5个，筷子1根，眼罩1个。

游戏玩法

- 家长和孩子并排坐在地上，将5个水杯摆在面前。家长用筷子依次敲打水杯，让孩子尽快记住每个水杯发出的声音。
- 让孩子戴上眼罩，家长用筷子按一定顺序敲打水杯。然后让孩子取下眼罩，重复家长敲打的顺序。

听觉译码

🍊 主要目标

训练孩子的听觉专注力与记忆力,提高大脑反应速度。

🎲 活动准备

无。

🍊 游戏玩法

- 家长和孩子面对面坐着,家长用手指着自己的鼻子、肩膀、嘴巴,快速说完,让孩子迅速重复一次。
- 增强难度,把鼻子标号为1,肩膀标号为2,嘴巴标号为3,家长按任意顺序说出数字,让孩子用手指出相应的部位,并快速说出来。家长不断变换数字顺序,反复游戏。

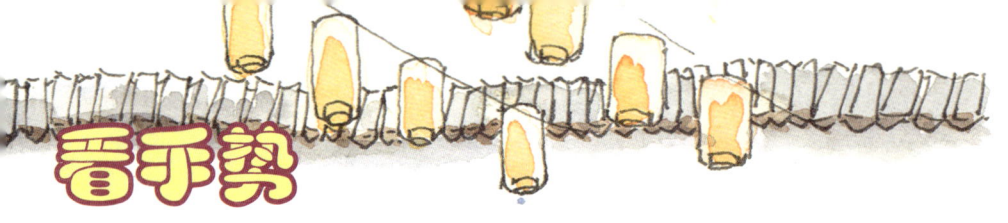

看手势

🎈 主要目标

训练孩子的视觉专注与视觉记忆能力。

🎲 活动准备

无。

🍊 游戏玩法

- 家长和孩子面对面坐下,家长做出各种手势,孩子认真观察后进行描述或模仿。反复进行。
- 家长开始可以做一些较简单的手势并且速度要慢,然后逐渐增加难度和速度。

纸棍游戏

🎈 主要目标

训练孩子的视觉专注与视觉协调能力。

🎲 活动准备

气球1个,用废旧杂志卷成2根纸棍。

🍊 游戏玩法

- 家长和孩子各拿1根纸棍,间隔1米以上面对面站立。两人用纸棍击打气球,相互传球。
- 孩子将气球放在纸棍顶端,小心地传递给家长,家长以同样的方式接住。

合作搬球

🎈 主要目标

训练孩子的视觉专注力与视觉协调力,增强身体控制与视动统合能力。

🎲 活动准备

绳子2根,纸杯1个,乒乓球1个。

🎈 游戏玩法

- 家长和孩子面对面坐下,用力拉直两根绳子,将地上的乒乓球夹起,放进纸杯中。
- 家长和孩子要相互配合,保持绳子处于水平状态,否则球就会掉落。

捉光点

主要目标

训练孩子的视觉专注力与视觉协调力,增强身体的灵敏性。

活动准备

手电筒1个。

游戏玩法

- 家长用手电筒照射墙面,让孩子用手去捉墙上的光点。
- 家长用手电筒照射地面,让孩子用脚去踩地上的光点。

吹羽毛

🎈 主要目标

训练孩子的视动统合能力,增强孩子的心肺功能和身体的敏捷性。

🎲 活动准备

羽毛1根。

🍊 游戏玩法

- 将1根羽毛抛向高处,家长和孩子一同将羽毛向上吹起,保证羽毛不能落地,落地即为游戏结束。
- 家长和孩子面对面,在中间画一条分界线,尽力把羽毛吹向对方。

挑小棒

主要目标

练习"挑"的动作,锻炼孩子手眼协调能力和小肌肉的控制能力。

活动准备

小棒若干。

游戏玩法

- 家长和孩子先各拿一根小棒,然后猜拳决定谁先开始游戏,赢的人将其余所有小棒竖起来握在手里,让小棒下端碰到桌面,然后松手让小棒随意散开。
- 用自己手中的小棒将散在桌上的小棒一根根挑出,不能同时挑动两根或两根以上,如果碰到其他的小棒,就停止一次,换另一人继续。
- 所有小棒都被挑出后游戏结束,手中小棒多者为胜。

赶小猪

🎈 主要目标

锻炼孩子手眼协调能力和身体控制能力。

🎲 活动准备

气球若干，呼啦圈2个，1米长的木棒2根。

🎐 游戏玩法

- 将气球吹大，在上面画上小猪的图案。将呼啦圈摆在前方，作为"小猪圈"。
- 家长和孩子分别用木棒将"小猪"赶到"小猪圈"内，其间不许用身体的任何部位接触"小猪"。

抓小熊

🟠 **主要目标**

锻炼孩子手眼协调能力和身体控制能力。

🧊 **活动准备**

毛绒玩具 3 个。

🍊 **游戏玩法**

- 家长将 1 个毛绒玩具悬挂在空中，和孩子分别站在玩具的两边。家长将玩具推向孩子，孩子要顺势抓住再放开。
- 逐步增加游戏的难度，在不同的高度吊起 2~3 个玩具，家长一起推向孩子，让孩子去抓。
- 每次训练 10 分钟。

运乒乓球

🎈 主要目标

锻炼孩子手眼协调能力和身体控制能力。

🔷 活动准备

乒乓球若干，球拍1副，纸盒2个。

🍊 游戏玩法

- 把乒乓球放在起点处的盒子里，让孩子从纸盒里取出一个乒乓球，放在球拍上，运送到终点的盒子里。注意不能用手去碰球，还要确保球不掉下来。
- 所有球运送完成后，游戏结束。

蹦跳接球

🎈 **主要目标**

锻炼孩子手眼协调能力和身体控制能力。

🧊 **活动准备**

充气垫（可以用坐垫替代）1个，皮球1个。

🍊 **游戏玩法**

- 把充气垫放在地板中央，让孩子站在上面晃动，待能保持平稳后开始蹦跳，不要跳太高。家长在正对面把皮球投给孩子，孩子接到后再回传给家长，如此反复20~30次。
- 增加难度，让孩子在地上边跳边拍皮球，然后边跳边转身，左右交替进行。

摆豆豆

🎈 主要目标

锻炼孩子手眼协调能力和身体控制能力。

🎲 活动准备

绿豆若干，筷子1双，字卡若干张。

🍊 游戏玩法

- 在地上摆上字卡，让孩子用绿豆摆出字卡上的文字。
- 增加难度，让孩子用筷子一颗一颗地夹出绿豆，并摆出文字。

舒尔特游戏

主要目标

训练孩子的专注力,锻炼其手眼协调能力。

活动准备

自制舒尔特表格若干张。

游戏玩法

- 家长依据孩子的年龄制作舒尔特表格,形式如图所示,可以由易而难进行训练。
- 让孩子坐在舒尔特表格前,手拿一根小木棒,当家长说出表格中的一个数字时,孩子要快速做出反应,用小木棒指出数字的位置。

·真正的养育在家庭·

"真正的养育在家庭"系列图书主要以家庭为应用场景,以亲子游戏为内容,从操作层面为家长提供了一系列游戏式养育的方法,以此帮助家长培育孩子的体能、智力和社会性能力。

《真正的养育在家庭 蒙氏游戏》通过感觉、运动、语言、数学、探索等蒙氏游戏,发展孩子的认知能力,培养其主动学习的兴趣,以及独立、自信、坚持的良好品质。

《真正的养育在家庭 体能游戏》通过基于60种基本动作练习的体能运动,来发展孩子的身体素质,促进其意志品质的提升。

《真正的养育在家庭 感统游戏》为促进孩子视、听、嗅、味、触及平衡感的统合发展,创设了一系列在家庭中就可以有效实施的游戏方案。

《真正的养育在家庭 科学游戏》通过丰富的科学游戏,激发孩子对科学探索的兴趣,培养孩子勇敢尝试、积极探索的学习品质。

《真正的养育在家庭 自然游戏》创造孩子与自然接触的机会,支持孩子在自然中开展感知、探究、种植、手工与艺术游戏,尊重孩子亲近自然的天性,帮助孩子建立与自然的纽带。